AF590135

INTERROGATOIRE

DU CITOYEN

BOURBON-CONTY.

L'AN IIe DE LA RÉPUBLIQUE FRANÇAISE.

INTERROGATOIRE

DU CITOYEN

BOURBON-CONTY.

L'AN ſecond de la République françaiſe, & le ſixième Mai 1793, à neuf heures du matin, le Préſident du Tribunal criminel du Département des Bouches du Rhône, ſéant à Marſeille, s'eſt transporté, accompagné de l'Accuſateur public & du Greffier dudit Tribunal, en la Paroiſſe de Saint-Thomas, & en vertu d'un Décret de la Convention nationale, à la date du ſeize Avril, a mandé venir du Fort de Notre-Dame-de-la-Garde, le Citoyen & les Citoyennes Bourbon & Conty, y tranſportés & detenus en vertu de ce même Décret du ſeize Avril, & conſtitué le Citoyen Conty.

Le Président à ainsi commencé Interrogatoire.

Le Président. Votre nom, Citoyen?

Conty. Louis-François-Joseph Bourbon.

Le Président. Votre qualité?

Conty. Ci-devant Conty.

Le Président. Votre âge?

Conty. Agé de 59 ans environ.

Le Président. Où êtes vous né?

Conty. A Paris.

Le Président. Ou résidez-vous?

Conty. Souvent à Paris & à la campagne, ayant pris mon domicile à ma terre de la Lande, à six lieues de Paris.

Le Président. Quelle part aviez-vous pris à la Révolution, en l'année 1789?

Conty. Je suis parti de Paris, le 13 Juill. 1789, ne pouvant reposer ma tête nulle part, sans être menacé du fer & du poison. Dès que j'ai pu me flatter que ma vie & ma liberté seroient en sûreté, je suis rentré volontairement & avec empressement dans ma Patrie, à l'époque du 2 Avril 1790, après avoir envoyé d'avance mon serment, que j'ai confirmé & signé de nouveau à ma Section, dès le lendemain; depuis mon retour en France, je ne me suis mêlé de rien; j'ai mené une vie très-retirée, allant seulement quelquefois au Spectacle, & suis resté à ma campagne à la Lande avec très-peu de monde, sans en decoucher depuis le 11 Juillet 1792 jusqu'au 8 Avril 1793, jour que l'on est venu m'y arrêter, & que l'on m'a conduit en prison à l'Abbaye, à Paris, d'où l'on m'a fait partir le lendemain, la nuit, pour me conduire au Fort de Notre-Dame-de-la-Garde de Marseille, où je suis en prison, ne pouvant voir personne sans témoins, quoique le Décret de la Convention nationale, article III, qui ordonne l'Interrogatoire de la famille des Bourbon, n'interdise toute communication, qu'entre les individus de cette famille, sans rien articuler de pareil pour les autres individus, que ceux de cette même famille. J'ai donné cent cinquante mille livres de dons patriotiques; j'ai donné, en l'année 1792, pour la guerre, ſoixante-ſeize chevaux, dont quarante-deux tous équipés; j'ai donné aux Volontaires, partant des lieux voiſins de ma réſidence; j'ai payé exactement toutes mes impoſitions; j'ai donné à ma Section pour les Pauvres, pluſieurs fois, & en dernier lieu pour le recrutement; j'ai prêté le ſerment, du 15 Août 1792, de maintenir la Liberté & l'Égalité, ou de mourir en les défendant. Je réclame ma liberté, parce que je ne ſuis coupable de rien, que je n'ai pas mérité de la perdre, & qu'accablé d'infirmités, je ſuis très-ſouffrant dans ma priſon.

Le Préſident. Les ci-devant Princes Émigrés, vos Parens, ne vous ont-ils jamais écrit pour vous engager à vous émigrer, & aller porter les armes contre votre Patrie?

Conty. Je n'ai jamais reçu de leurs nouvelles depuis mon retour en France, qui eſt de l'époque du 2 Avril 1790; & en vain m'en auroient-ils ſollicité, je n'y aurois jamais ſouſcrit.

Le Préſident. N'auriez-vous jamais aſſiſté à des Conciliabules, connus alors ſous le nom de Comité Autrichien, où l'on y traitoit contre-révolution ?

Conty. Jamais.

Le Préſident. N'avez-vous jamais eu le projet de favoriſer la ſuite du ci-devant Roi ?

Conty. Jamais ; & je n'en ai été inſtruit que le lendemain matin, qui a ſuivi la nuit de ſon départ, par des Gardes Nationaux qui ſont venus me prendre chez moi, & m'ont conduit à ma Section. J'ai toujours eu la plus grande attention, depuis mon retour en France, d'éviter toutes les occaſions de parler en particulier au ci-devant Roi ; & je lui ai toujours répondu très-haut, toutes les fois qu'il m'a parlé, afin d'éloigner de moi des ſoupçons que je ne méritois pas.

Le Préſident. Pour quelle raiſon, le lendemain de la ſuite de Capet, des Gardes Nationaux ſont-ils allés vous prendre, pour vous conduire à votre Section ?

Conty. Je penſe que c'eſt de leur chef. Ils

ne m'ont articulé aucun ordre ; & après avoir comparu à ma Section, j'ai été renvoyé chez moi, très-tranquilement & très-paisiblement ; & je suis toujours resté libre depuis.

Le Président. N'aviez-vous aucune connoissance des projets de Capet, de faire faire feu sur le Peuple, à la journée du 10 Août ?

Conty. Je ne l'ai appris que par les papiers publics & journaux, à ma terre de la Lande, où j'étois établi depuis le 11 Juillet précédent.

Le Président. Quelle a été votre opinion sur l'abolition de la Royauté, & l'établissement de la République une & indivisible ?

Conty. La soumission la plus entière aux décrets de la Convention Nationale.

Le Président. N'avez-vous point intrigué pour empêcher le jugement de Capet ?

Conty. Jamais, je le répete, je ne me suis mêlé de rien.

Le Président. Pourquoi ne vous êtes-vous mêlé de rien ? Est-ce par sentiment de haine pour la Révolution, ou par indifférence ?

Conty, Ce n'est point par sentiment de

haîne pour la Révolution, mais parce que né ſans autre ambition que de vivre tranquillement chez moi, ce que ma conduite a prouvé dans tous les tems, même avant la Révolution, je n'ai jamais formé & forme d'autres vœux que de finir mes jours paiſiblement dans ma patrie, au milieu de mes concitoyens, & de mériter, par ma conduite, leur eſtime & leurs ſuffrages.

Le Préſident. Il me paroît que cette nullité ne s'accommode pas avec l'eſtime & le ſuffrage des citoyens dont vous paroiſſez jaloux?

Conty. Si j'avois pu le prévoir, j'aurois tâché de tenir la conduite qui auroit pu me les faire obtenir.

Le Préſident. N'avez-vous jamais entendu & toléré des propos contre-révolutionnaires de la part de vos gens?

Conty. Loin de les tolérer, j'ai toujours déclaré que je chaſſerois ſur le champ quiconque oſeroit en tenir de pareils.

Le Préſident. Si vous preniez des précautions en parlant haut au ci-devant Roi, pourquoi cherchiez-vous si souvent l'occasion de lui parler ?

Conty. Je ne cherchois point l'occasion de lui parler ; je ne faisois que lui répondre.

Le Président. Pourquoi alliez-vous si souvent chez lui ?

Conty. J'étois quelquefois quinze jours sans y aller, ce qui est arrivé très-souvent ; & étant son parent, j'ai cru que tant qu'il étoit sur le trône, il étoit de mon devoir de lui en rendre.

Plus n'a été interrogé.

Lecture faite des Interrogats & Réponses, a déclaré contenir vérité, y persister, & a signé avec nous, LOUIS-FRANÇOIS-JOSEPH BOURBON, *ci-devant Conty* ; MALLET cadet, *Président* ; *l'Accusateur Public* GIRAUD, & CHOMPRÉ, *Greffier du Tribunal Criminel.*

Pour Copie collationnée conforme à l'original. A Marseille, ce 8 Mai 1793, l'an deuxieme de la République Françoise. *Signé* CHOMPRÉ, *Greffier en chef du Tribunal Criminel.*

PÉTITION

DE LOUIS-FRANÇOIS-JOSEPH BOURBON-CONTY, À LA CONVENTION NATIONALE,

Du Fort Saint-Jean de Marseille, le 14 Juin 1793, l'An deuxième de la République française.

CITOYENS-REPRÉSENTANS,

MON innocence est prouvée par les Interrogatoires que vous m'avez fait subir ; je ne puis donc plus avoir d'autres torts à vos yeux, que celui d'être né, il y aura bientôt cinquante-neuf ans révolus, de la famille des Bourbon.

Est-ce ma faute ? Puis-je empêcher que cela ne soit ? Non ; & vous êtes trop justes pour me priver de ma liberté par cette raison.

Vous ne pouvez plus me considérer comme Bourbon, puisque vous avez anéanti la Royauté; vous m'avez fait rentrer dans la classe commune de tous les Citoyens, & les fautes sont personnelles.

Vous ne souffrirez donc pas qu'étant bon Citoyen, & en ayant donné des preuves, je ne jouisse pas des mêmes avantages que tous les autres, qui ne sont pas responsables des fautes d'autrui, & qu'après être rentré dès le 2 Avril 1790, volontairement dans ma Patrie, (d'où je n'étois sorti que parce que ma liberté & ma vie étoient par-tout menacées) la confiance avec laquelle je suis venu me jetter dans les bras de mes Concitoyens, soit aussi mal récompensée.

Vous avez accordé des alternatives à tous ceux à qui vous avez infligé des peines, en leur laissant le choix de souscrire préalablement, & pour s'en rédimer à telle ou telle chose (1).

Alors c'étoit aux individus que cela regardoit à choisir le parti qu'ils vouloient adopter, ils étoient libres & les maîtres de le faire.

Mais, *moi*, ai-je la même faculté? Puis-je faire que je sois né de la famille d'un autre plutôt que de la mienne? Ai-je sur cela une alternative? Puis-je choisir? *Non*; & je le

---

(1) On a dit aux Prêtres: *Si vous prêtez le serment, on vous laissera tranquilles, &c.* On a dit aux Emigrés: *Si vous ne revenez pas dans le temps fixé, on confisquera vos biens, &c.*

répète, CITOYENS REPRÉSENTANS, vous êtes trop justes pour m'en punir.

Mais puisque je ne suis plus que Citoyen, je demande à jouir de tous les avantages attachés à cette qualité, & que s'il en existoit ci-devant pour les Bourbon, que puisque ces avantages ont été détruits, vous ne me fassiez supporter aucunes peines à raison de ma naissance, devenue nulle, & que ma liberté pleine & entiere me soit rendue, comme elle doit l'être à tout Citoyen qui n'est pas coupable; aucune raison politique ne pouvant plus à présent exister vis-à-vis de moi, ni entrer pour rien dans ma détention, & la prolonger.

Signé LOUIS-FRANÇOIS-JOSEPH BOURBON,
ci-devant Conty.

Nous soussignés, composant le Conseil d'Administration du Citoyen Bourbon-Conty, certisions les copies ci-dessus conformes aux originaux. Paris, ce vingt-sept Juin mil sept cent quatre-vingt-treize, l'an deuxieme de la République Françoise. CORNU, DEJUNQUIERES, A. BUSONI, LARCHÉ, CHAVET, DECOURTYE & LUXURE, *Secrétaire.*

De l'Imp. de QUILLAU, rue du Fouare.

www.ingramcontent.com/pod-product-compliance
Ingram Content Group UK Ltd.
Pitfield, Milton Keynes, MK11 3LW, UK
UKHW012134240726
13965UKWH00005B/2183

9 782011 941015